CATALOGUE DESCRIPTIF

D'UNE RICHE COLLECTION

DE

VASES EN PORCELAINE

ET DE

CURIOSITÉS ANCIENNES ET MODERNES

DE LA CHINE,

Importée au Havre par le navire le GUSTAVE

VENU DIRECTEMENT DE CANTON,

DONT LA VENTE AURA LIEU PUBLIQUEMENT

AU HAVRE,

Le 25 Août courant et jours suivants,

Par l'Entremise de MM. FERRÈRE et MORLOT.

Il y aura une EXPOSITION PUBLIQUE des Objets à partir du 23 Août jusqu'au jour de la vente.

Il sera distribué, au moment de la vente, un Catalogue indiquant les Objets formant chaque lot, et l'ordre dans lequel les adjudications auront lieu.

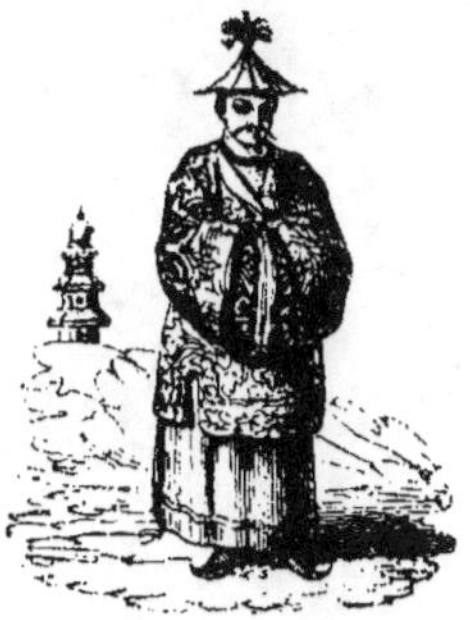

Le présent Catalogue se distribue,

RUE DU FAUBOURG MONTMARTRE, N° 43.

AOUT 1847.  (600)

CATALOGUE DESCRIPTIF

D'UNE RICHE COLLECTION

DE

VASES EN PORCELAINE

ET DE

CURIOSITÉS ANCIENNES ET MODERNES

DE LA CHINE,

Importée au Havre par le navire le GUSTAVE

VENU DIRECTEMENT DE CANTON,

DONT LA VENTE AURA LIEU PUBLIQUEMENT

AU HAVRE,

Le 25 Août courant et jours suivants,

Par l'Entremise de MM. FERRÈRE et MORLOT.

Il y aura une EXPOSITION PUBLIQUE des Objets à partir du 23 Août jusqu'au jour de la vente.

Il sera distribué, au moment de la vente, un Catalogue indiquant les Objets formant chaque lot, et l'ordre dans lequel les adjudications auront lieu.

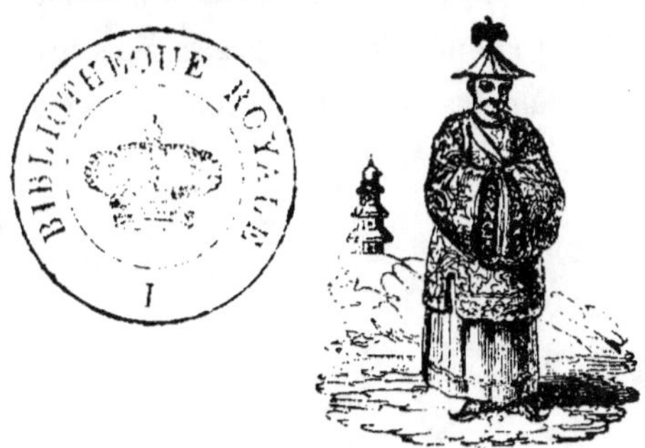

Le présent Catalogue se distribue,

RUE DU FAUBOURG MONTMARTRE, N° 43,

AOUT 1847.

AVERTISSEMENT.

Nous ferons observer que cette collection renferme des porcelaines, tant anciennes que modernes, du plus haut mérite. Les
pièces anciennes ont été choisies parmi ce que l'on peut trouver
de plus beau en Chine, où elles sont aussi recherchées que
chez nous, et les modernes ne se composent que de porcelaines
fines décorées avec le plus grand soin, et d'une vivacité de
couleurs comme on en a probablement peu vu jusqu'à ce jour.
Il a donc été impossible de décrire dans ce catalogue, d'une
manière précise, les formes de beaucoup de pièces, ainsi que la
composition des peintures.

L'importance et la variété de cette collection, aussi bien que
des objets accessoires qu'on a cru devoir y joindre pour former
un ensemble de produits chinois des plus beaux, ne sauraient
manquer de fixer l'attention des hommes de goût et même des
savants.

DÉSIGNATION

DES OBJETS.

N. B. — Les chiffres en marge indiquent le numéro des caisses.

1 — Une paire de vases en porcelaine blanche, panse élevée, col droit, anses sceptre, décorés de deux beaux médaillons avec personnages et dragons couleur bleu vif. Haut. 63 cent.

2 — Une paire de vases en porcelaine blanche, même forme que les précédents, peints dans le même style. Hauteur 63 cent.

3 — Une paire de vases en porcelaine blanche, panse cylindrique, large goulot à collerette, décorés de deux médaillons élégamment peints de personnages, fleurs, etc. Haut. 65 cent.

4 — Une paire de vases en porcelaine blanche, même forme et décor que les précédents. Haut. 65 cent.

5 — Une paire de vases en porcelaine blanche, forme élancée, col droit, anses formées de 6 lézards groupés, décorés de deux médaillons représentant des personnages entourés de fleurs, d'un très bel effet. Haut. 65 cent.

6 — Une paire de vases en porcelaine blanche, à col droit, anses formées de lézards, décorés de deux beaux médaillons représentant des personnages, fleurs, etc. Haut. 65 cent.

Quarante pots à crême en porcelaine blanche, décorés de personnages et fleurs très vives. Haut. 9 cent.

7 — Une paire de vases en porcelaine, forme élancée, large goulot, anses dragon vert et or. Ces vases sont d'un fond vert d'eau, décorés de deux médaillons à personnages entourés de fleurs, papillons, etc. Haut. 65 cent.

Quatre-vingts pots à crême en porcelaine blanche, décorés de personnages et fleurs très vives. Haut. 9 cent.

8 — Une paire de vases pareils à ceux contenus dans la caisse précédente. Haut. 65 cent.

Soixante pots à crême en porcelaine blanche, décorés de personnages et fleurs très vives. Haut. 9 cent.

9 — Une paire de vases en porcelaine blanche, à panse cylindrique, gorge évasée, avec anses dragon bleu et or, décorés de 8 médaillons peints alternativement de personnages et fleurs, en émail très vif. Haut. 65 cent.

Soixante pots à crême en porcelaine blanche, décorés de personnages et fleurs très vives. Haut. 9 cent.

10 — Une paire de vases en porcelaine blanche. forme élancée, large goulot, anses dragon, décorés de deux médaillons sur lesquels sont des personnages, fleurs, etc., peints en émail. Haut. 65 cent.

11 — Une paire de vases en porcelaine blanche, mêmes forme et décor que ceux contenus dans la caisse précédente. Haut. 65 cent.

12 — Une paire de vases en porcelaine blanche, forme élancée, anses formées de dragons rouge-brique, damasquinés d'or, décorés de deux beaux médaillons, avec personnages intérieurs, etc. Haut. 65 cent.

13 — Une paire de vases en porcelaine, forme élancée, à col droit, anses dragon, fond vert-pomme et or, décorés de deux beaux médaillons sur lesquels sont peintes des scènes chinoises, fleurs, oiseaux, papillons, etc. Haut. 60 cent.

Cent soixante-quatre tasses mandarines, en porcelaine blanche, avec soucoupes et couvercles très minces, décorées de peintures fines à personnages, etc.

14 — Une paire de vases en porcelaine blanche, forme élancée, col évasé, anses dragon, richement décorés de deux grands médaillons ornés de personnages, papillons, oiseaux, etc. Haut. 65 cent.

15 — Une paire de vases en porcelaine blanche, de forme et décors pareils aux précédents, avec anses-sceptre émaillés de couleurs rubis, émeraude, etc., très beaux. Haut. 65 cent.

16 — Trois paires de vases en porcelaine blanche, à panse élevée, col droit, anses-sceptre, richement émaillés de personnages, dragons, fleurs, etc. Haut. 53 cent.

17 — Trois paires de vases en porcelaine blanche, pareils à ceux contenus dans la caisse précédente. Haut. 53 c.

18 — Deux paires de vases en porcelaine blanche, pareils aux précédents. Haut. 53 cent.

Sept théières en bocaro brun et rouge, unies, variées de formes.

19 — Trois paires de vases en porcelaine blanche, pareils aux précédents. Haut. 45 cent.

20 — Trois paires de vases en porcelaine blanche, dans le genre des précédents, avec des peintures extrêmement fines et d'une grande vivacité de couleur. Haut. 46 cent.

21 — Trois paires de vases en porcelaine, fond vert-d'eau pâle, panse élevée, col droit, décorés de deux beaux médaillons à personnages, etc. Haut. 45 cent.

Vingt théières en bocaro, émaillées de fleurs, assorties de formes.

22 — Trois paires de vases en porcelaine blanche, richement décorés de mandarins, fleurs, oiseaux, etc. Haut. 43 cent.

Cent tasses mandarines, en porcelaine blanche, petit modèle, avec soucoupes et couvercles, très minces et très finement décorées.

Sept théières en bocaro, émaillées de fleurs, papillons, etc.

23 — Trois paires de vases en porcelaine, fond blanc, élégamment décorés de deux médaillons, personnages, fleurs, papillons, etc., col évasé, anses dragons. Haut. 45 cent.

24 — Deux paires de vases en porcelaine blanche, forme élancée, anses dragons, décorés de deux médaillons à personnages entourés de fleurs, etc. Haut. 46 cent.

Une paire de vases en porcelaine blanche, panse cylindrique, gorge à collerette, décorés comme les précédents. Haut. 43 cent.

25 — Deux paires de vases en porcelaine blanche, panse arrondie, fond vert-d'eau, décorés de deux médaillons à personnages, fleurs, etc. Haut. 45 cent.

Une paire de vases en porcelaine blanche, à panse cylindrique, gorge à collerette, mêmes fond et décor que les précédents. Haut. 44 cent.

26 — Deux paires de vases en porcelaine blanche, à panse cylindrique, décorés comme ceux de la caisse précédente. Haut. 43 cent.

Une paire dito à col droit, même décor que les précédents. Haut. 37 cent.

27 — Une paire de vases en porcelaine blanche, à col droit, anses dragons dorés, décorés de deux médaillons représentant des personnages, des trophées, des fleurs, etc. Haut. 45.

Deux paires de vases à gorge évasée, anses formées de lézards groupés, décorés avec beaucoup de goût et de richesse. Haut. 37 cent.

Six douzaines de tasses mandarines en porcelaine blanche, de diverses grandeurs, avec soucoupes et couvercles, décorées de peintures très vives.

28 — Trois paires de vases en porcelaine blanche, assortis de formes, élégamment décorés de peintures excessivement vives, représentant des guerriers et des trophées. Haut. 35 cent.

29 — Trois paires de vases en porcelaine blanche, pareils pour la forme et les décors à ceux contenus dans la caisse précédente. Haut. 35 cent.

30 — Une paire de vases en porcelaine fond vert-d'eau, col droit, anses formées de lézards, décorés de scènes d'intérieur du palais impérial, de mandarins en grand costume, trophées, etc. Haut. 35 cent.

Deux paires de vases en porcelaine, panse cylindrique, à collerette, même décor. Haut. 32 cent.

31 — Une paire de vases en porcelaine, à panse comprimée, fond hortensia, élégamment décorés de sujets my-

thologiques, avec personnages, d'un très bel effet. Haut. 27 cent.

Cinq paires de vases id., décorés de deux médaillons entourés d'arabesques émaillées en relief de différentes couleurs. Haut. 22 cent.

Ces six paires de vases sont d'un genre inconnu jusqu'à ce jour.

32 — Treize douzaines de tasses mandarines en porcelaine blanche, avec soucoupes et couvercles grand modèle, excessivement fines, décorées de personnages et scènes d'intérieur, de couleur brune, telle que les Chinois l'emploient pour les objets à leur usage.

33 — Douze douzaines de tasses mandarines sans anses, avec soucoupes et couvercles, très finement décorées, assorties de grandeur.

34 — Trente-six douzaines de tasses à café en porcelaine blanche, avec anses et soucoupes, parfaitement décorées de mandarins, dragons, fleurs, etc.

Trente-six douzaines dito plus grandes, à thé, mêmes modèle et décor.

Vingt-six douzaines, id., encore plus grandes que les précédentes, même décor.

35 — Trois pots à eau avec cuvette, en porcelaine blanche, décorés de personnages, fleurs, paysages, émaillés très finement.

36 — Trois pots à eau avec cuvette, en porcelaine blanche, mêmes modèle et décor que ceux contenus dans la caisse précédente.

37 — Deux garnitures de lavabo en porcel. blanche, richement décorées de peintures vives, composées comme suit :

Un pot à eau ;

Une cuvette ;

Une boîte à savon ;

Une boîte à brosse.

38 — Deux grands bols en porcelaine blanche, richement décorés intérieurement et extérieurement de personnages, scènes d'intérieurs de maisons, vues de palais, etc., entourés d'une belle guirlande de fleurs
vives sur un fond d'or. Diamètre 41 cent.

Deux bols pareils aux précédents. Diamètre 37 cent.

Deux   dito   dito   Diamètre 33 cent.

39 — Vingt-quatre jattes à bouillon en porcelaine blanche,
composées d'une écuelle avec couvercle et plateau,
décor de Nankin très riche et très vif en couleur.

40 — Sept cent quatre-vingts groupes de deux figurines en
porcetaine blanche, variées de formes et de sujets
très finement émaillés.

41 — Vingt-trois théières en bocaro, assorties de formes,
émaillées de fleurs, papillons, etc.
Trois théières en bocaro unies.

42 — Treize cuvettes, grand modèle en pocelaine blanche, décorées de trophées, etc.; bleu camayeu.

43 — Douze cuvettes pareilles aux précédentes.

44 — Treize   dito   dito   dito.

45 — Douze   dito   dito   dito.

46 — Vingt-cinq pots à eau en porcelaine blanche, avec couvercle surmonté d'une chimère, décorés bleu camayeu
comme les cuvettes qui précèdent.

47 — Vingt-cinq pots à eau pareils aux précédents.

48 — Dix cuvettes en porcelaine, grand modèle, fond bleu,
décorées de trophées, etc., bleu camayeu.

49 — Dix pots à eau en porcelaine blanche, à panse comprimée, forme carafe, décorés bleu camayeu, assor-
tissant les cuvettes contenues dans la caisse n° 48.

50 — Cent quarante théières en bocaro brun, unies, variées
de formes.

51 — Quatre cents statuettes, dites magots, en pierre de lard,
variées d'attitudes et de grandeurs, bien assorties,
peintes et unies.

52 — Trois cent cinquante statuettes, dites magots, en pierre
de lard, variées d'attitudes et de grandeurs, bien assorties, peintes et unies.

53 — Huit cents statuettes, dites magots, en pierre de lard,
variées d'attitudes et de grandeurs, bien assorties,
peintes et unies.

54 — Neuf cents statuettes, dites magots, en pierre de lard,
moyennes et petites, bien assorties, peintes et unies.

55 — Quinze cents statuettes, dites magots, en pierre de lard,
petite grandeur, bien assorties, peintes et unies.

56 — Cent statuettes, dites magots, en pierre de lard, première
grandeur, bien assorties, peintes et unies.

1 — Une paire de très beaux vases en porcelaine blanche,
panse arrondie, large goulot, anses dragons, décorés en émail sur deux grands médaillons représentant
d'un côté des combattants à cheval en présence de
l'empereur de Chine et de sa cour, et de l'autre une
course en bateaux exécutée par des femmes cher-
chant à enlever des fleurs. Ces vases sont d'une
exécution parfaite sous tous les rapports. Haut.
85 cent.

2 — Six paires de très beaux vases en porcelaine blanche,

de forme élancée, sans anses, décor de Nankin représentant des mandarins, des femmes, des oiseaux,
d'un émail très brillant. Haut. 63 cent.

3 — Quatre paires de très beaux vases en porcelaine blanche,
panse élevée, large goulot, entourés de lézards, fond
brique et or, décoré de deux beaux médaillons, etc.
Haut. 62 cent.

4 — Quatre paires de vases en porcelaine blanche, panse
élevée, col droit, anses dragon, admirablement
décorés. Haut. 63 cent.

5 — Quatre paires de vases en porcelaine blanche, pareils
pour la forme et le décor à ceux contenus dans la
caisse n° 3. Haut. 62 cent.

6 — Six paires de vases en porcelaine blanche, panse arrondie coupée vers le haut, large goulot avec lézards
couchés sur la panse, décor de Nankin très brillant,
formé de personnages, fleurs, etc. Haut. 45 cent.

7 — Six paires de vases en porcelaine blanche, col droit,
avec anses formées de lézards groupés, décor riche
et d'un émail très brillant. Haut. 45 cent.

8 — Six paires de vases en porcelaine blanche, large goulot,
anses lézards, fond rouge brique semé d'or, richement
décorés de personnages, fleurs, oiseaux, etc., en
couleurs très fines et très vives. Haut. 45 cent.

9 — Quatre paires de vases en porcelaine blanche, à col
droit, pareils à ceux contenus dans la caisse n° 8.
Haut. 45 cent.

10 — Quatre paires de vases en porcelaine blanche, à panse
comprimée, décorés de dragons, lézards et personnages en émail de couleurs très vives. Haut. 45 cent.

11 — Quatre paires de vases en porcelaine blanche, forme
légère et élancée, ornés au col de quatre lézards
groupés, décor de Nankin excessivement brillant et
de peintures très fines. Haut. 43 cent.

12 — Quatre paires de vases en porcelaine, pareils, pour la
forme et le décor. aux précédents. Haut. 65 cent.

13 — Quatre paires de vases en porcelaine, de forme pareille
aux précédents, en céladon, fond vert d'eau avec des
arbres et des fleurs de pêcher en relief blanc, sur
lesquels se trouvent placés des oiseaux de couleur
bleu tendre; très beaux d'exécution. Haut. 60 cent.

14 — Six paires de vases pareils aux précédents. Haut.
45 cent.

15 — Deux paires de vases pareils aux précédents. Haut.
53 cent.

16 — Six paires de vases en porcelaine, forme élancée très
élégante, large goulot, sans anses, fond rouge violeté
et jaspé au grand feu. Haut. 58 cent.

17 — Six paires de vases en porcelaine, forme bouteille à
panse comprimée et col droit, unis, jaspés de bleu
à deux nuances, rouge, violet, grenat, etc.; très
beaux. Haut. 43 cent.

18 — Deux grands bols en porcelaine, très richement décorés
intérieurement et extérieurement de personnages,
fleurs, etc. Diamètre 41 cent.
Cinq pareils aux précédents. Diamètre 40 cent.
Un pareil aux précédents. Diamètre 37 cent.
Quatre pareils aux précédents. Diamètre 33 cent.

19 — Vingt-quatre jattes à bouillon en porcelaine, composées
d'une écuelle avec couvercle et plateau, décor de
Nankin très riche et très vif en couleur.

20 — Douze paires de pots à fleurs en porcelaine, de forme quadrangulaire, avec couvercle à cinq trous, décorés chacun des quatre côtés d'un médaillon à personnages, et dans les angles de grappes de raisin pendantes de couleur violet foncé ; sur le pied se trouvent des grecques de différentes nuances d'un très bel effet. Haut. 18 cent.

21 — Dix pots à eau avec cuvettes en porcelaine, fond vert d'eau, émaillés de personnages, de dragons, de fleurs, etc., d'un très bel effet.

22 — Quatre pots à eau avec cuvettes et deux boîtes à brosses, le tout en porcelaine blanche, décor de Nankin très riche.

23 — Quatre pots à eau avec cuvettes en porcelaine, pareils aux précédents.

24 — Six pots à eau avec cuvettes en porcelaine, très richement décorés de mandarins, dragons et sujets mythologiques.

25 — Quarante-huit pots à eau avec cuvettes en porcelaine, fond blanc, dessin imprimé bleu camayeu, représentant des trophées, des fleurs, etc.

26 — Quarante-deux pots à eau avec cuvettes en porcelaine, pareils aux précédents.

27 — Trois paires de pots à fleurs avec plateaux en porcelaine, fond bleu tendre, dessin en relief composé de plantes aquatiques, d'arbustes et arabesques, en email de couleurs très vives. Diamètre 29 cent.

Une paire idem en porcelaine, forme coupe, fond jaune pâle, avec des fleurs et des arbustes en relief variés de couleurs et d'un très bel effet. Diamètre 24 cent.

Huit paires idem en porcelaine avec plateau, bords festonnés et dorés, fond rose, avec fleurs, fruits, oiseaux et plantes aquatiques en relief, peints d'un émail très vif. Cet article est entièrement nouveau et d'un fort bel effet. Diamètre 28 cent.

28 — Quatre-vingt-dix tasses à anses avec soucoupes en porcelaine, pour café et thé, décorés de mandarins, dragons et fleurs en couleurs très vives.

29 — Trois cents tasses à café et à thé en porcelaine, pareilles à celles de la caisse précédente.

30 — Trois cents assiettes à dessert en porcelaine, à bord uni, richement décorées de personnages, trophées et fleurs, en émail de couleurs très vives. Diamètre 25 cent.

31 — Quinze paires de pots à fleurs avec leurs plateaux, à bords festonnés, en porcelaine, fond bleu tendre, dessins ornés de fleurs et sujets variés en relief blanc. Diamètre 47 cent.

32 — Quarante-huit paires de pots à fleurs, pareils à ceux qui précèdent. Diamètre 27 cent.

33 — Trois cent vingt pi-tong ou porte-allumettes en porcelaine blanche très fine, de forme cylindrique, décorés très richement de personanges et sujets mythologiques. Haut. 12 cent.

34 — Cent tasses en porcelaine, décorées de peintures fines variées de couleurs, représentant des figures et des fleurs. Au centre de la tasse se trouve placée une figurine debout qui peut être regardée comme le Tantale des Chinois; en emplissant la tasse, si le liquide touche les lèvres du personnage, elle se vide à l'instant même.

35 — Cinquante tasses à personnages, pareilles à celles décrites à la caisse précédente.

Cent pots à crême en porcelaine blanche, décorés de
personnages et fleurs très vives. Haut. 9 cent.

36 — Cent vingt tasses mandarines avec soucoupes et couvercles, excessivement minces et décorées de peintures très fines.

37 — Cinq cents petits groupes à une et deux figures, variés
de formes et de sujets, émaillés de couleurs très
vives.

38 — Centthéières en bocaro, émaillées de fleurs, papillons, etc.
variées de formes.

Cinquante idem unies.

47 — Vingt paires de vases en porcelaine, fond bleu pâle,
dessins composés de nuages et de dragons bleu foncé,
d'une très belle exécution. Haut. 25 cent.

48 — Quatre paires de vases en porcelaine, forme élancée,
anses dragon, fond vert d'eau, dessins légèrement
en relief sous émail translucide très pur. Cette fabrication est généralement connue dans le commerce
sous le nom de céladon fleuri ou gauf. Haut.
62 cent.

49 — Quatre paires de vases en porcelaine, à panse cylindrique, col évasé, anses dragon; pareils aux précédents. Haut. 43 cent.

50 — Deux paires de vases en porcelaine, à panse élevée,
col droit, anses sceptre, formées de deux tubes
forme bambous, de couleur blanchâtre, craquelés

verticalement d'un émail très pur et d'une très bonne fabrication. Haut. 62 cent.

51 — Une paire de vases en porcelaine, à panse cylindrique, à collerette découpée et large goulot, décor rubanné alternativement de bleu, vert d'eau, nankin, gris perle craquelé, d'une très belle fabrication. Haut. 62 cent.

52 — Une paire de vases en porcelaine, à panse comprimée, col droit, céladon fond vert d'eau, dessins blancs en relief composés d'arbustes, fleurs, oiseaux, etc. Haut. 42 cent.

Une paire idem, à panse élevée, même décor que les précédents. Haut. 42 cent.

Deux paires idem, fond blanc, craquelés, parsemés de dessins bleus en relief, représentant alternativement des fleurs, des trophées, etc. Haut. 45 cent.

Deux paires idem, panse élevée, en céladon fond vert d'eau, dessins en relief composés de personnages, trophées, etc. Haut. 42 cent.

54 — Quatre paires de vases en porcelaine, fond rouge jaspé, parsemés de fleurs, oiseaux et papillons, blanc verdâtre, d'un très bel effet et d'un genre nouveau. Haut. 38 cent.

55 — Quatre paires de vases en porcelaine, pareils aux précédents, avec cette différence que les uns sont à col droit et d'autres à col évasé. Haut. 32 cent.

56 — Vingt paires de vases en porcelaine, à panse comprimée, large goulot, avec anses formées de lézards dorés, décorés de médaillons à personnages entourés de dragons, fleurs, etc. ; peinture d'une grande vivacité de couleur. Haut. 25 cent.

57 — Vingt paires de vases en porcelaine, à panse cylindrique, à collerette, large goulot et anses formées de lézards, en céladon fond vert d'eau, décorés de personnages, fleurs, dragons et trophées d'un très bel effet. Haut. 25 cent.

58 — Vingt paires de vases en porcelaine, pareils aux précédents. Haut 22 cent.

59 — Quatre jeux de cinq vases formant une garniture complète, en porcelaine blanche décorée de peintures en émail, personnages, fleurs, dragons, etc., très fines. Ces garnitures se composent de trois vases, forme panse élevée avec couvercles et de deux cornets. Haut. 32 cent.

60 — Quatre jeux de cinq vases formant une garniture complète, pareils pour la forme et les décors à ceux de la caisse précédente. Haut. 26 cent.

Quatre dito pareils aux précédents. Haut. 21 cent.

61 — Dix paires de vases de forme sexagone et de forme mi-plate, en porcelaine blanche, décorés de personnages, mandarins, guerriers, etc.; très beaux. Haut. 32 cent.

62 — Vingt paires de vases en porcelaine, forme carrée à balustre, décorés très finement de personnages, fleurs, etc. Haut. 22 cent.

Dix jeux de quatre pi-tong ou porte-allumettes en porcelaine, de forme cylindrique, rentrant les uns dans les autres, décorés très finement de personnages en or et de couleurs vives. Haut. 22 cent.

63 — Soixante-dix paires de petits vases variés de formes, en porcelaine blanche très fine, décorés de personnages et fleurs en couleurs vives. Haut. de 10 à 20 cent.

2

64 — Six paires de vases, forme bouteille, en porcelaine
blanche, décor de Nankin à personnages, guerriers,
sujets mythologiques, etc. Haut. 33 cent.

Quarante-huit pi-tong ou porte-allumettes en porcelaine
blanche, de forme cylindrique, découpés à jour, représentant des monuments, des intérieurs, et tous
parfaitement décorés. Haut. 12 cent.

65 — Cinq paires de vases, même forme et décor que ceux de
la caisse précédente. Haut. 20 cent.

Dix paires pareils aux précédents. Haut. 15 cent.

Vingt paires pareils aux précédents. Haut. 13 cent.

Dix jeux de cinq boîtes avec couvercles rentrant les unes
dans les autres, en porcelaine blanche très fine, décorées de mandarins, guerriers, etc., très bien peintes.

66 — Soixante paires de vases en porcelaine, forme bouteille,
pareils à ceux contenus dans la caisse précédente.
Haut. de 10 à 14 cent.

Soixante-douze pi-tong ou porte-allumettes, pareils à
ceux contenus dans la caisse n° 64. Haut. 12 cent.

67 — Quatre cent quatre-vingts boîtes rondes avec couvercle
en porcelaine blanche, variées de formes et de grandeurs, décorées de personnages, sujets mythologiques,
trophées, etc.

68 — Une paire de vases en porcelaine, forme potiche, avec
couvercle, fond bleu tendre, parsemés de rameaux, de
fleurs, avec des oiseaux, des papillons en émail, formant relief, de couleurs très vives. Ces vases ont au
col et au pied une double guirlande de fleurs sur fond
d'or d'un très bel effet. Ils sont dans l'ensemble
d'une exécution parfaitement réussie. Haut. 75 cent.

69 — Une paire de vases en porcelaine, même forme que les précédents, fond vert-pomme, entourés de rameaux, de fleurs, oiseaux, papillons, en relief, et de couleurs très vives. Haut. 70 cent.

70 — Six paires de vases en porcelaine, fond vert d'eau céladon, décorés de papillons, fleurs, personnages, avec lézards dorés au col. Haut. 32 cent.

71 — Six paires de vases en porcelaine, pareils pour la forme et le décor à ceux contenus dans la caisse précédente. Haut. 27 cent.

72 — Six paires de vases en porcelaine, à panse comprimée par le bas, large goulot, anses lézards, en céladon vert pâle, décorés de fleurs, papillons et personnages. Haut. 25 cent.

73 — Six paires de vases en porcelaine, pareils pour la forme et le décor à ceux contenus dans la caisse précédente. Haut. 18 cent.
Sept paires pareils aux précédents. Haut. 17 cent.
Cinq paires pareils aux précédents. Haut. 13 cent.

---

1 — Deux tables à ouvrage en laque très beau, or sur or, montées sur pieds à double colonne et à griffe ; garnitures intérieures, telles que bobines, étuis, navettes, etc., en ivoire richement découpé. Ces deux meubles sont du laque le plus beau que l'on fasse en Chine, et ne laissent rien à désirer sous le rapport des accessoires.

2 — Deux boîtes à ouvrage en laque, pareilles aux tables précédemment décrites, et garnies de tous leurs accessoires en ivoire découpé.

3 — Deux jeux de quatre petites tables en laque fond noir, rentrant les unes dans les autres, de forme carré long, à coins arrondis, montées sur pieds, décorées de dorures fort riches.

4 — Deux jeux de quatre tables pareilles pour la forme à celles de la caisse précédente, mais beaucoup plus riches.

Cent vingt flacons environ en vitrification et pâte de riz, de couleurs variées, taillés en relief avec beaucoup de finesse, assortis de formes, et tous fort jolis. Haut. de 4 à 7 cent.

---

1 — Cent écrans en soie, montures en ivoire sculpté, d'autres montures en laque, tous avec personnages habillés en soie, figures en ivoire, assortis sur trois qualités de genres différents.

2 — Deux cent soixante écrans dans le genre de ceux contenus dans la caisse précédente, moins beaux; manche façon écaille et en laque noir.

3 — Deux cents écrans en soie peinte, monture en bambous et façon écaille, très jolis.

4 — Deux cent quarante écrans en soie blanche, brodés à deux faces en soie de couleurs vives, très variées; manche et monture en laque noir.

5 — Deux cents écrans avec personnages en soie habillés, figures en ivoire, monture en laque noir très variés.

6 — Quatre cents éventails chinois, monture en bambous, peints de personnages et de caractères, assortis de genre et de grandeur bien convenable.

7 — Mille paquets d'allumettes chinoises en première qualité, parfumées au sandal, à l'aloès, etc.

8 — Cent médaillons, en ivoire découpé d'un côté, et une glace de l'autre, entourés d'un cercle en écaille avec glands en soie assortis de couleurs.

9 — Deux corbeilles en ivoire avec anses et pied, le tout admirablement découpé à jours, avec personnages, monuments, bateaux, rochers, etc, en relief. Diamètre environ, 35 cent.

1 et 2 — Deux statues en terre pétrie, d'homme et femme chinois, vêtues de costumes de mandarin, richement brodés en soie, argent et or, d'un ensemble très soigné. Haut. 90 cent.

3, 4 et 5 — Trois paires de statuettes d'hommes et femmes chinois, en terre pétrie et costumes peints. Haut. 30 cent.

6 — Douze pieds de femme (petits pieds), en terre pétrie, chaussés de leurs souliers brodés en or, etc, avec les accessoires tels qu'ils sont usités dans le pays par les femmes qui ont eu les pieds brisés.

Vingt-quatre paires de souliers de femmes *à petits pieds* en soie, brodés de différentes couleurs.

Vingt-quatre paires de souliers de femmes à pieds ordinaires, très bien brodés en soie, or et argent, variés.

7 — Une table ronde en marbre rose, montée sur ébène incrusté en cuivre blanc, avec pieds contournés et compliqués, en usage chez les Chinois riches. Diamètre du plateau 1 mètre 15 cent.

8 — Une table pareille à la précédente et de même grandeur.

9 — Une paire de vases en porcelaine, de forme élancée en céladon, fond vert d'eau avec des arbres et des oiseaux en relief bleu et blanc, montés sur pied en bois d'ébène sculpté. Haut. 60 cent.

10 — Neuf figures et groupes en bois sculpté, représentant des pêcheurs, des marchands de fleurs, des scènes chinoises ; le père Adam, d'après les idées des habitants du Céleste-Empire. Toutes ces figures, d'un travail très fini et de différentes grandeurs, sont montées sur pieds en bois d'ébène sculpté.

1 — Un vase en porcelaine ancienne, fond bleu pâle, forme bouteille, avec des arbres et des animaux en relief d'un fort joli effet ; monté sur son pied en bois d'ébène sculpté. Haut. 65 cent.

Un vase en porcelaine, fond blanc, décor bleu camayeu, forme cornet ; monté sur un socle en bois d'ébène sculpté. Haut. 42 cent.

2 — Deux vases en porcelaine ancienne, fond blanc, décor bleu camayeu ; monté sur son socle en bois sculpté. Haut. 42 cent.

Un vase en porcelaine ancienne, décor bleu, jaspé de rouge, au grand feu, avec lézard au col ; monté sur son socle en bois sculpté. Haut. 40 cent.

Un vase forme bouteille à col droit, en porcelaine ancienne, jaspé, caillouté, très curieux ; monté sur son socle en bois. Haut. 40 cent.

3 — Un vase panse élevée, gorge à collerette, en porcelaine ancienne, craquelé, avec un arbre et des plantes sur un des côtés, en relief bleu ; monté sur son socle en bois. Haut. 43 cent.

1 — Une paire de vases en porcelaine ancienne, à panse fond vert d'eau en céladon, dessins à relief sous l'émail, formés d'oiseaux, fleurs, etc., en couleurs vives ; le col et le pied en bleu au grand feu ; gorge et anses dorées d'un très bel effet. Haut. 60 cent.

2 — Une paire de vases en porcelaine pareils pour la forme et les décors à ceux contenus dans la caisse précédente. Haut. 60 cent.

3 — Une paire de vases en porcelaine céladon, fond vert d'eau, décorés de fleurs, papillons, etc. en couleurs très vives, avec lézards dorés au col. Haut. 60 cent.

4 — Une paire de vases en porcelaine, pareils pour la forme et les décors à ceux contenus dans la caisse précédente. Haut. 60 cent.

5 — Une autre paire de vases en porcelaine céladon, fond vert d'eau, pareils pour la forme et les dessins à ceux contenus dans la caisse précédente. Haut. 60 cent.

6 — Deux paires de vases en porcelaine, fond vert d'eau, décorés d'un riche médaillon sur la panse, avec décor mêlé d'or, d'un nouveau genre et d'un très bel effet. Haut. 36 cent.

7 — Deux paires de vases en porcelaine céladon, fond vert d'eau avec fleurs, dragons et personnages en relief, goulot forme tulipe. Haut. 36 cent.

8 — Deux paires de vases en porcelaine, fond doré, avec médaillon à personnages sur la panse, anses formées de
lézards, goulot tulipe, entourée d'une grecque bleue.
Haut. 36 cent.

9 — Un vase en bronze aventurine, ayant la forme d'un cœur,
entouré de feuillages également en cuivre ; assis sur
un pied de même métal, le tout d'un ensemble très
beau. Haut. 45 cent. largeur 40 cent.

9 — Un vase en bronze aventurine, dit brûle-parfums, de
forme ronde, avec son couvercle en même métal, surmonté d'un dragon aux armes impériales, orné de
poissons, d'écrevisses, de lézards et de plantes aquatiques en relief. Haut. 43 cent., larg. 35 cent.

Deux paires de vases en bronze damasquiné, forme cornet,
avec caractères en relief d'une très belle exécution ;
monté sur trépied en bois sculpté.

Deux statuettes de l'Empereur de la Chine ou d'un grand
mandarin, en très beau bronze aventurine, parfaitement gravées et d'une très belle exécution ; ces deux
statuettes sont montées sur leurs pieds en bois sculpté.
Haut. 25 cent.

Un autre vase en bronze aventurine, de forme sexagone,
surmonté de son couvercle de même métal, représentant la figure de la longévité assise sur son cerf :
les anses sont formées par des lézards très bizarement
placés. Cette pièce est d'une exécution complètement
finie et montée sur son pied en bois sculpté. Haut.
40 cent., larg. 20 cent.

Un autre vase en bronze aventurine, de forme octogone,
monté sur quatre pieds, avec couvercle découpé à
jour imitant les fleurs de pêcher, surmonté de deux

oiseaux ; les anses sont formées de deux lézards.
Haut. 30 cent.

Un autre vase en bronze aventurine, monté sur quatre
pieds, le couvercle représentant la tête du dragon avec
sa gueule béante. Haut. 30 cent., larg. 18 cent.

Un cheval en bronze couleur aventurine foncé. La gra-
vure, reproduisant l'effet du poil le plus fin, est d'un
effet très bizarre et inconnu jusqu'à ce jour. Cette pièce
est montée également sur son socle en bois sculpté.

10 — Un vase en bronze aventurine de forme ronde, monté
sur trois pieds d'éléphant, avec un très beau couvercle
en même métal ; à l'extérieur il y a des grecques, des
caractères, des poissons, des écrevisses, etc., en relief. Haut. 45 cent., larg. 26 cent.

Un autre vase en bronze vert, de forme carrée, monté
sur trois pieds ; son couvercle en bronze surmonté du
chien de Foë, avec caractères et dragons en relief.
Très beau. Haut. 44 cent., larg. 18 cent.

Deux buffles en bronze couleur aventurine, surmontés
d'un enfant tenant un livre à la main, avec pieds en
bois sculpté.

Une paire de vases forme citron à cinq pointes en bronze
aventurine, d'une très grande dimension, montés sur
un pied en même métal formé de feuillages.

Une paire de vases forme citron, à cinq pointes, pareils
aux précédents, plus petits.

Un cœur de très grande dimension en bronze aventurine,
entouré d'une liane du même métal, qui lui sert à la
fois d'ornement et de pied ; d'un très beau travail.

Deux vases en bronze couleur aventurine, forme mi-plate,
avec un médaillon sur la panse, au milieu duquel se

trouve le caractère de la longévité ; anses formées de lézards entrelacés dans des attitudes fort bizarres ; pieds en bois sculptés. Haut. 37 cent.

Deux vases en bronze aventurine, de forme quadrangulaire, ornés de caractères et de grecques en relief ; montés sur pieds en bois sculptés. Haut. 23 cent.

> NOTA. Tous les bronzes contenus dans les caisses nᵒˢ 9 et 10 sont d'une exécution parfaite ; leurs formes et les ornements qui les distinguent n'ont probablement jamais été apportés jusqu'à ce jour.

11 — Pieds et tables en bois sculpté pour les pièces en bronze contenues dans les deux caises précédentes.

12 — Un vase en porcelaine jaune unie, avec paysages, monuments, arbres et trophées en relief ; anses formées de trois coquilles surmontées d'une tête de tortue. Haut. 40 cent.

13 — Une sculpture antique en bois représentant la figure de la longévité avec son cerf et son bâton de vieillesse ; montée sur un pied en bois sculpté.

---

1 — Une paire de vases en porcelaine ancienne, richement peints sur la panse de paysages, scènes chinoises, promenades, vue d'un palais. Le col, à partir de la panse, est jaune pâle impérial, parsemé de fleurs et de poissons d'un très bel effet. Ces deux vases, par la pureté de leur forme, la finesse des peintures, ainsi que par la vivacité des couleurs, peuvent être considérés comme extrêmement rares. Ils sont montés sur pieds en bois sculptés. Haut. 75 cent.

2 — Un vase en porcelaine ancienne, uni, panse élevée; monté
sur socle en bois sculpté. Haut. 43 cent.

Un vase, fond blanc, en porcelaine ancienne, décoré de
nuages, rochers et personnages; monté sur pied en
bois sculpté. Haut. 42 cent.

Un vase en porcelaine ancienne, de forme pot à tabac,
avec couvercle en bois sculpté représentant une feuille
de nénuphar, avec médaillons ornés de dragons, etc.;
monté sur un socle en bois sculpté. Haut. 32 cent.

3 — Un vase en porcelaine ancienne, à panse cylindrique et
col droit, avec douze médaillons, tous décorés de fleurs
et d'oiseaux, de vues et de caractères; les intervalles
du fond parsemés de reine-marguerite couleur capu-
cine et blanc, se détachent sur un fond vert. Haut.
45 cent.

4 — Un vase en porcelaine ancienne, de forme cornet, fond
blanc parsemé de fleurs, papillons, plantes aquatiques,
très délicatement décoré de couleurs vives; monté sur
pied en bois sculpté. Haut. 42 cent.

Trois vases de milieu en porcelaine blanche ancienne,
forme cornet, très élégamment décorés de personnages et fleurs, de couleurs très vives. Haut. 42 cent.

5 — Un vase en porcelaine ancienne, à panse élevée et col
droit, fond rouge uni craquelé, d'un très bel effet et
d'une réussite parfaite; monté sur socle en bois scuplté.
Haut. 43 cent.

Un vase en porcelaine ancienne, forme cornet, gorge
évasée, fond blanc, avec des médaillons décorés de
fleurs; monté sur socle en bois sculpté. Haut. 45 cent.

Un vase de forme pareille au précédent, avec des personnages peints en relief; monté sur socle en bois
sculpté. Haut. 45 cent.

Un vase de forme pareille au précédent; décoré de fleurs, faisans, etc., en couleurs très vives; monté sur socle en bois sculpté. Haut. 46 cent.

6 — Un vase en porcelaine blanche, à panse comprimée, décoré d'un collier de feuillage découpé, parsemé des caractères de la longévité, avec des fleurs, des fruits et des trophées très élégamment peints; monté sur pied en bois sculpté. Haut. 38 cent.

Un vase en porcelaine du Japon, très ancienne, forme cornet, décoré de fruits dans la partie inférieure ; la panse applatie, sur laquelle sont représentés des enfants; dans la partie supérieure, la figure de la longévité entourée de femmes avec fleurs, etc. ; monté sur pied en bois sculpté. Haut. 42 cent.

Un vase décoré de nuages, fleurs, etc., avec un très beau dragon, fond vert et jaune pâle dans la partie supérieure; monté sur pied en bois sculpté. Haut. 42 cent.

7 — Un vase en porcelaine ancienne, à col évasé, fond blanc, avec peintures représentant des fleurs, des oiseaux, etc., bien exécutés; monté sur socle en bois sculpté. Haut. 42 cent.

8 — Une pierre jaune de forme bizarre, montée sur un pied en bois sculpté.

9 — Un vase en porcelaine ancienne, forme cylindrique, à col droit, décoré de personnages et intérieurs de maisons; monté sur pied en bois sculpté (très belle pièce). Haut. 52 cent.

Un vase de même forme que le précédent, peinture plus vive. Haut. 54 cent.

Un vase à panse élevée comprimée du bas, fond bleu foncé, dessins en relief représentant des plantes aquatiques, etc. (Vase fort antique.) Haut. 45 cent.

Deux vases cylindriques en laque du Japon, fond noir burgauté, avec des incrustations de nacre. Hauteur 25 cent.

Deux coupes avec leur couvercle en laque du Japon, fond noir, relevé d'un dessin doré.

Deux boîtes en laque rouge du Japon, incrustées, forme fruits.

Deux tabatières en laque rouge du Japon incrusté.

10 — Un très beau coffre en laque noir du Japon, incrusté en nacre, etc; l'intérieur en laque jaune aventurine, en parfait état; charnières et serrure en cuivre blanc gravé. Long. 60 cent., larg. 41 cent., haut. 22 cent.

11 — Un grand vase en porcelaine ancienne, fond jaune, à panse comprimée et col droit, avec dessins en relief représentant des chevaux marins, des dragons vert émeraude contournés. Pièce très curieuse d'exécution et parfaitement réussie. Haut. 70 c.

12 — Une paire de vases brûle-parfums en bronze vert, forme éléphant d'une seule pièce, relevé par un harnais très beau avec des détails forts curieux, surmontés d'un cornet également en bronze vert, décorés d'une guirlande de fleurs très bien exécutée; montés sur socle en bois richement sculpté. Haut. 38 cent.

13 — Deux chiens de Foë en bronze vert, surmontés d'une colonne avec deux coupes de différentes grandeurs. Deux belles pièces montées sur socle en bois sculpté. Haut. 48 cent.

14 — Un vase brûle-parfums en bronze vert, élevé sur trois
pieds formés par des têtes d'éléphants, avec le harnais
et les défenses ; les anses formées également par des
trompes d'éléphants ; avec couvercle à jour surmonté
d'un éléphant couché portant un vase de fleurs, le tout
parsemé de fleurs et d'arabesques ; monté sur un pied
en bois sculpté. Haut. 50 cent.

15 — Un vase en porcelaine ancienne, forme cornet, fond blanc,
avec peintures représentant des intérieurs, d'une exé-
tion parfaite ; les peintures variées de couleurs les
plus difficiles à exécuter ; monté sur un pied en bois
sculpté. Haut. 50 cent.

600   Imprimerie MAULDE et RENOU, rue Bailleul, 9 et 11.

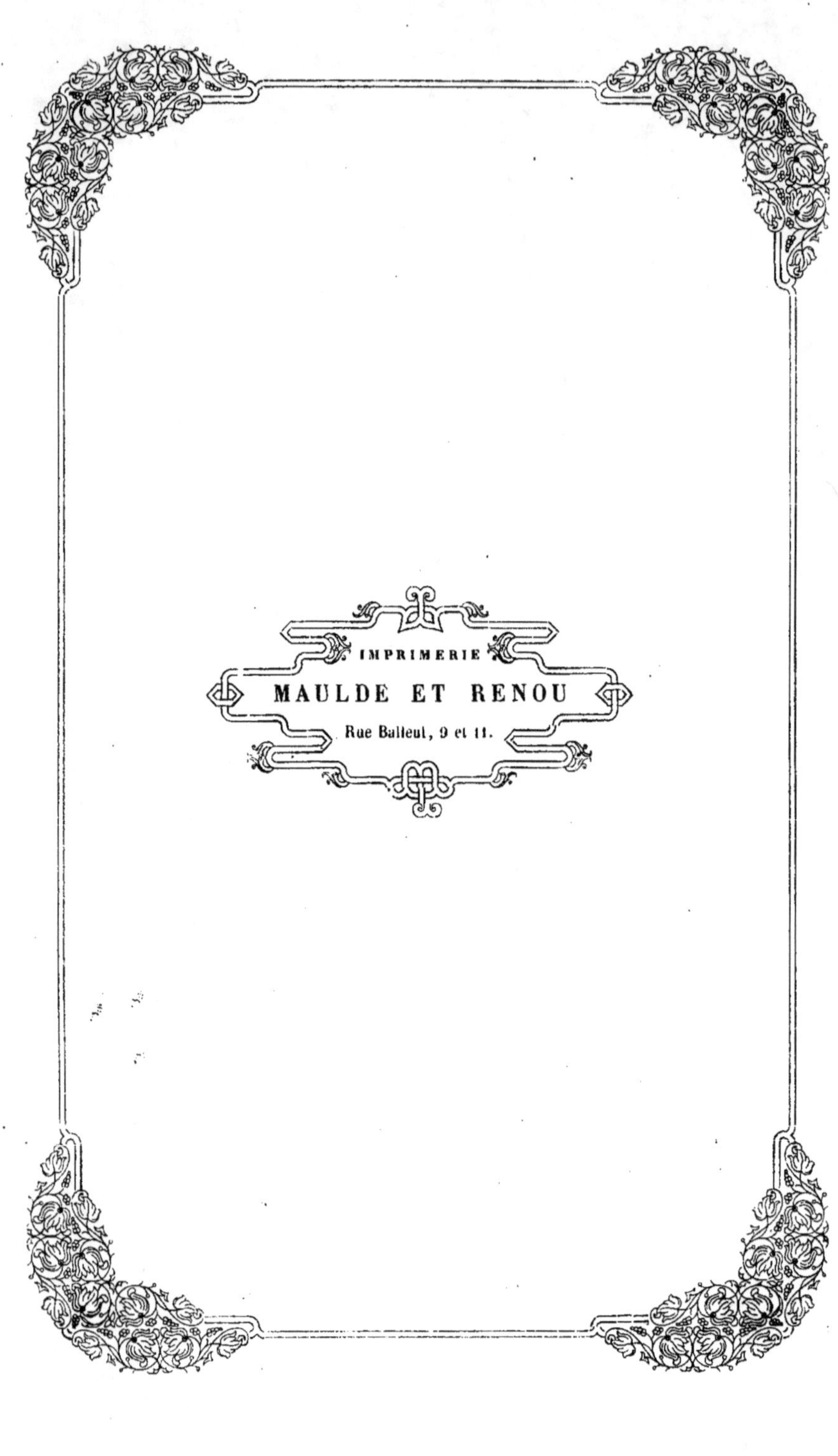

IMPRIMERIE MAULDE ET RENOU, Rue Bailleul, 9 et 11.